DERNIERS
ÉVÉNEMENTS DE PARIS,

RACONTÉS

à la France républicaine

PAR

UN OFFICIER D'ÉTAT-MAJOR.

Prix : 25 centimes.

PARIS.

BARBA ET GARNOT

7, rue Pavée Saint-André.

1848

DERNIERS ÉVÉNEMENTS DE PARIS.

Point de récriminations ; elles sont toujours inutiles quand elles ne sont point dangereuses. Ne nous donnons pas la mission de juger les terribles événements dont nous venons d'être témoins, mais seulement de les raconter. Ce n'est pas d'ailleurs quand l'œil de la justice scrute les profondeurs de l'abîme où la société tout entière a failli de s'engloutir, qu'il serait convenable de devancer ses appréciatiations du grand drame qui vient d'ensanglanter Paris. Cependant, parmi les causes qui ont préparé, mûri, fait éclater au sein de la capitale la plus horrible guerre sociale qui ait jamais désolé une grande cité et menacé toute une nation, il en est de si évidentes, de si palpables, qu'il est impossible de ne les pas signaler. On ne sait que trop maintenant, en quels caractères se traduisent ces utopies, séduisantes au premier aspect comme les syrènes de la fable et qui conduisent infailliblement à leur perte ceux qui ont l'imprudence de les écouter.

Une autre cause, qui peut-être était inévitable, a puissamment concouru au danger. Quand la République, antérieurement à la Révolution d'où elle est sortie brillante de jeunesse et d'espérances, n'existait encore que dans les conciliabules clandestins, chacun de ces conciliabules avait sa république à lui ; c'était donc, non pas une république proprement dite, mais une hydre républicaine dont chaque tête a voulu dominer toutes les autres aussitôt après qu'elles eurent triomphé en commun. De là cette maladie inquiète et turbulente qui a duré quatre mois, dont les nations ne sont pas plus exemptes que les individus et qui, peut-être, ne pouvait être guérie qu'à la suite d'un coup de sang. Il a été terrible, épouvantable ; et pendant les quatre jours où Paris a été converti en un vaste champ de bataille, on a vu simultanément tout ce que peut le déchaînement des mauvaises passions humaines, et, en même temps, tout ce dont est capable l'héroïsme d'une population entière armée pour sa défense et guidée par une main tout à la fois indulgente et vigoureuse.

L'abominable guerre dont nous devons recueillir les principales circonstances, pour en présenter le tableau en raccourci, n'a commencé en réalité que dans la matinée du vendredi, 23 juin; mais déjà, dès la veille, les symptômes d'une prochaine commotion étaient assez sensibles pour qu'ils fussent aperçus de tous. On assure cependant que lorsque l'Assemblée nationale, après avoir accepté la démission longtemps stimulée de la Commission exécutive, eut investi le général Cavaignac des pleins-pouvoirs dont celui-ci a fait un si noble usage, il ne trouva à sa disposition, dans le premier moment, que dix mille hommes de troupes de ligne. C'était bien peu, malgré l'assistance certaine ou probable de la garde nationale et de la jeune garde mobile, pour réprimer une insurrection dont les vastes proportions, l'ensemble et l'habileté de ses combinaisons ont assez démontré qu'elle était préparée de longue main et non pas seulement le résultat d'un accident fortuit.

Essayons, avant de conduire le lecteur sur le champ de bataille, dont le théâtre fut dans les quartiers les plus populeux de Paris, de donner une idée approximative du plan de campagne des insurgés et du plan de résistance que durent adopter les défenseurs de l'ordre pour reconquérir pied à pied les rues et les places envahies par l'insurrection et où elle s'était fortifiée derrière d'innombrables barricades construites pour la plupart avec un art qui dénote suffisamment des mains habiles et expérimentées.

Il serait difficile d'indiquer le lieu précis où l'attaque a commencé; l'insurrection, en effet, choisit presque simultanément les emplacements où elle avait résolu de placer ses diverses centres d'action et de résistance. Elle ne fit aucune manifestation dans la partie nord de Paris, depuis la hauteur de la rue de Richelieu, sur la rive droite de la Seine, et en continuant la même ligne sur la rive gauche par la rue des Saints-Pères et jusqu'à l'extrémité du faubourg Saint-Germain.

Le 23, à dix heures du matin, des barricades commencèrent à s'élever silencieusement à la Porte Saint-Denis, à la Porte Saint-Martin, dans les deux faubourgs, dans les rues adjacentes ; et bientôt dans toutes celles qui débouchent sur les boulevarts intérieurs en remontant jusqu'aux murs d'enceinte et en se prolongeant jusqu'à l'extrémité du faubourg Saint-Antoine. La révolte s'était particulièrement fortifiée dans ce vaste faubourg, au clos Saint-Lazare, où la protégèrent longtemps des bâtiments en construction et vers le faubourg du Temple, à l'endroit où il est transversalement coupé par la rue Saint-Maur.

Par l'occupation de la rue Saint-Antoine, l'insurrection se ralliait d'un côté au faubourg du même nom où était son quartier-général, tandis que de l'autre côté elle touchait à l'Hôtel-de-Ville, but de ses principaux efforts. De-là elle s'étendait dans la cité où elle s'était établie dès la matinée du 23 aussi bien que dans le faubourg Saint-Marcel, le faubourg Saint-Jacques et la place Saint-Michel, remontant jusqu'au de-là du Panthéon et ayant, de ce côté de la Seine, son quartier-général à Saint-Severin.

La révolte étant simultanée sur tant de points différents, on comprend quel déploiement de forces il fallait aux défenseurs de l'ordre pour l'en débusquer en même temps. Le plan de la défense fut de refouler les insurgés les uns sur les autres en balayant d'abord la rive gauche, puis successivement en dégageant les abords de l'Hôtel-de-Ville.

A la fin du second jour, la rive gauche était entièrement libre. Cependant sur la rive droite les affaires étaient moins avancées : le clos Saint-Lazare et le faubourg du Temple tenaient toujours et l'insurrection occupait encore la rue Saint-Antoine où enfin, elle se soumit le quatrième jour.

Voilà en peu de mots l'indication des principaux mouvements de la révolte et de la défense pendant les quatre terribles journées où la liberté de Paris et de la France fut menacée, où la cause de la civilisation tout entière fut mise en jeu. Mais, qui pourrait donner une idée des combats acharnés qui eurent lieu pendant tout ce temps et dans tant d'endroits à la fois. La nuit ne suspendait qu'à peine l'acharnement de la lutte. Sur vingt points en même temps, une fusillade bien nourrie recommençait avec le jour ; la voix du canon tonnait de toutes parts, le bruit du tocsin et le son du tambour s'y joignaient en permanence. Il a fallu employer jusqu'à quarante-deux pièces de canon pour assurer la défense de l'Hôtel-de-ville. Non, il est impossible de se figurer ce qu'était Paris pendant cette lutte sanglante et acharnée. Retranchés derrière leurs barricades, les fauteurs de l'insurrection tiraient presque à coup sûr sur les vengeurs de l'ordre et de la société, tandis qu'ils étaient exposés à un danger beaucoup moindre. S'il était permis de juger le courage sans exception de l'emploi qu'on en fait, il faudrait cependant reconnaître qu'il fut égal de part et d'autre. Mais quelle différence ! D'une part le but était le pillage, le viol, le meurtre, l'incendie ; les inscriptions apposées sur les drapeaux des insurgés en ont surabondamment fourni la preuve, sans compter les abominables scènes de cannibales que nous allons avoir à raconter. D'autre part, l'armée, dont les rangs s'étaient grossis à l'appel du général Cavaignac, la garde nationale de Paris, celle de la banlieue, les gardes nationales accourues de tous les points de la France pour faire cause commune avec leurs frères de Paris, enfin la garde mobile, ces héroïques enfants de Paris, affrontaient le danger avec une indicible bravoure pour faire ressurgir l'ordre du milieu d'un sanglant cataclysme. Mais aussi combien de victimes à jamais regrettables ; combien de deuils dans les familles ! C'est tout au plus si tant de traits d'un héroïsme surnaturel en peuvent un moment distraire la pensée.

Dans la journée du 23, les membres du pouvoir exécutif n'ayant pas encore donné leur démission, une proclamation du président de l'Assemblée nationale annonça aux habitants de Paris que le général Cavaignac prenait le commandement de toutes les troupes, garde nationale, garde mobile, armée. Unité de commandement, obéissance, disait la proclamation. Ce fut à dater de ce moment que l'on espéra que la révolte serait domptée. Le lendemain seulement le général fut investi du pouvoir exécutif et publia plusieurs proclamations. Nous croyons devoir rapporter celle qu'il adressa à la garde nationale.

« Citoyens, votre sang n'aura pas été versé en vain. Redoublez d'efforts, répondez à mon appel, et l'ordre, grâce à vous, grâce au concours de vos frères de l'armée, sera rétabli.

« Citoyens, ce n'est pas seulement le présent, c'est l'avenir de la France et de la République que votre héroïque conduite va assurer.

« Rien ne se fonde, rien ne s'établit sans douleurs et sans sacrifices ; soldats volontaires de la nation intelligente vous avez dû le comprendre.

« Ayez confiance dans le chef qui vous commande ; comptez sur lui comme il peut compter sur vous. La force unie à la raison, à la sagesse, au bon sens, à l'amour de la patrie, triomphera des ennemis de la République et de l'ordre social. Ce que vous voulez, ce que nous voulons tous, c'est un gouvernement ferme, sage, honnête, assurant tous les droits, garantissant toutes les libertés ; assez fort pour refouler toutes les ambitions personnelles, assez calme pour déjouer toutes les intrigues des ennemis de la France.

« Ce gouvernement, vous l'aurez ; car avec vous, avec votre concours entier, loyal, sympathique, un gouvernement peut tout faire. »

Le général Cavaignac disait en même temps aux insurgés :

« Citoyens, vous croyez vous battre dans les intérêts des ouvriers, c'est contre eux que vous combattez ; c'est sur eux seuls que retombera tant de sang versé. Si une pareille lutte pouvait se prolonger, il faudrait désespérer du salut de la République, dont nous voulons tous assurer le triomphe irrévocable. Au nom de la patrie ensanglanté ! Au nom de la République que vous allez per-dre ! Au nom du travail que vous demandez et qu'on ne vous a jamais refusé, trompez les espérances de nos ennemis communs, mettez bas vos armes fratricides, et comptez que le gouvernement, s'il n'ignore pas que dans vos rangs il y a des instigateurs criminels, sait aussi qu'il s'y trouve des frères qui ne sont qu'égarés et qu'il rappelle dans les bras de la patrie. »

Malheureusement ce noble langage ne fut pas entendu. Les ouvriers honnêtes, et il y en avait beaucoup, entraînés dans le mouvement insurrectionnel, étaient, si l'on peut ainsi dire, frappés de vertige tant était grand l'ascendant qu'avaient pris sur eux les criminels qui les avaient égarés ou séduits. Car, on n'en peut douter, des sommes considérables avaient été distribuées. Par qui ? dans quel but ? C'est ce que découvrira sans doute la justice qui déjà a entre les mains un banquier de la rue Hauteville, accusé de ces distributions.

La méfiance des insurgés a toujours été telle qu'ils ne voulaient pas croire aux proclamations indulgentes qu'on faisait parvenir dans les barricades. Ils étaient tous comme sous l'empire d'un maléfice fatal, attisé sans doute par les nombreux malfaiteurs de profession mêlés aux ouvriers aveuglés par d'infâmes meneurs. C'est même une sorte de consolation, quand on songe aux atrocités commises dans les rangs des insurgés que de pouvoir les attribuer à ces hommes familiarisés avec tous les genres de crimes et qui n'ont plus d'autres patrie que le bagne. Les derniers seuls qui, dit-on étaient au nombre de trois mille, ont pu se livrer à d'horrible mutilations sur de jeunes gardes mobiles, couper la tête aux uns, les mains à d'autres, planter un cadavre en guise de drapeau sur le sommet d'une barricade, en scier un entre deux planches, se faire un jouet atroce d'une tête éclairé par un lampion et se livrer à mille autres barbaries semblables que la plume se refuse de retracer et dont on ne trouverait d'exemples analogues que dans les supplices dont les bourreaux idolâtres torturaient les premiers martyrs de la foi, ou bien encore dans l'histoire de la conquête des deux Indes par les Espagnols. Des balles mâchées , mixtionnées de cuivre pour rendre les blessures mortelles ; des jets de vitriol ou d'autres substances corrosives et incendiaires ne peuvent pas être l'œuvre de nos ouvriers, quelle qu'ait été la fièvre de leur égarement ; les vrais ouvriers de l'insurrection sont ceux qui, au faubourg Saint-Antoine, tenaient si fort à l'honneur de n'avoir point fait partir la balle qui blessa mortellement le venérable archevêque de Paris accouru au milieu des barricades pour y faire entendre des parole de paix et de réconciliation.

Quelque resserré que soit notre cadre, nous entrerons dans quelques détails sur les derniers moments de ce héros de la religion. L'âme se retrempe à la contemplation d'un pareil tableau. Au milieu de tant de douleurs dont chacun a sa part, il est bon d'apprendre à souffrir, et à se résigner par un si sublime exemple.

A peine le saint prélat fut-il frappé d'une balle dont le point de départ est douteux , les insurgés se précipitèrent à son secours, l'environnèrent de soins et le transportèrent à l'hospice des Quinze-Vingts et lui constituèrent une garde. Tous demandaient des signatures qui attestassent qu'ils n'étaient point les auteurs de sa blessure.

Cependant le digne archevêque avait atteint son but avant de toucher au terme de sa vie. Une heure après la fusillade cessa pour ne plus recommencer.

A peine son vicaire-général, M. Jacquemet, qui l'avait accompagné au milieu des combattants l'eut-il rejoint que le prélat le pria de lui dire en ami sincère ce qu'il pensait de sa blessure. — Une balle avait atteint l'épine dorsale. — A ses diverses interpellations M. Jacquemet dut répondre que la blessure était très grave et peut-être mortelle. « Eh bien, dit alors le valeureux prêtre, que Dieu soit béni et qu'il accepte le sacrifice que je lui offre de nouveau pour le salut de ce peuple égaré. Que ma mort serve aussi à expier les fautes que j'ai pu commettre pendant mon épiscopat. » Se recueillant alors il se confessa et reçut quelques temps après l'extrême-onction, conservant du reste au milieu d'indici-

bles douleurs, toute sa présence d'esprit, une patience inaltéra-
ble, une satisfaction pleine de simplicité et de grandeur, d'avoir
accompli ce qu'il appelle son devoir. « La vie est si peu de chose ,
répétait-il souvent ; ce qui me restait à vivre était insignifiant ; j'ai
bien peu sacrifié pour Dieu, pour des hommes créés à son image
et rachetés par son sang. »

Le 27 au matin M. l'archevêque fut rapporté à l'archevéché. Le
faubourg qu'il fallut traverser était tout entier sur pied ; les rues
élaient remplies de personnes à genoux. Ce n'était plus, comme
la veille du respect seulement, c'était de la vénération et une sorte
de culte ; ces démonstrations accompagnèrent le cortége jusqu'à
l'archevéché. A quatre heures, l'évangélique martyr de la paix
avait cessé de souffrir.

Le palais de l'Assemblée nationale, compris dans la circons-
cription où nous avons dit que l'insurrection n'avait pas pénétré,
était d'ailleurs gardé de tous les côtés par des forces considérables,
soutenues par plusieurs pièces d'artillerie ; de sorte que l'Assemblée put tenir ses séances qui, cependant, ainsi qu'on peut se le
figurer, n'eurent lieu qu'au milieu de la plus vive agitation. L'é-
meute avait d'abord fait de rapides progrès sur tous les points ;
ensuite elle était restée quelque temps stationnaire dans ses cam-
pements. Malgré le nombre toujours croissant des défenseurs de
la société menacée, on ne pouvait nier l'imminence du péril.
Dans ces circonstances, l'Assemblée déclara la ville de Paris en état
de siége, mesure extrême, mais devenue indispensable pour
laisser au général investi du pouvoir exécutif, la liberté d'action
dont il avait besoin ; l'Assemblée elle-même se déclara en permanence. Ses séances étaient alternativement suspendues et reprises,
soit pour délibérer sur des décrets d'urgence, soit pour recevoir
les communications de M. le président Sénart, à mesure qu'il lui
en arrivait du dehors. L'anxiété était d'autant plus grande parmi
les membres de l'Assemblée que les espérances conçues dès le
premier jour sur la prompte soumission des rebelles ne se réali-
èrent ni le second ni le troisième jour, au moins complètement.

La Chambre avait déjà appris la perte d'un de ses membres, le brave général Négrier , tué rue Saint-Antoine. M. Charbonnel a été grièvement blessé. D'autres, tels que le général Bedeau, avaient reçu des blessures graves, quoique moins dangereuses.

Pendant que dura la lutte, l'Assemblée signala sa permanence par plusieurs décrets qu'il nous importe de faire connaître sommairement, attendu qu'ils se rapportent immédiatement aux événements dont Paris était le sanglant théâtre. Ainsi une somme de trois millions fut votée pour subvenir aux premières nécessités des victimes; ainsi l'Assemblée, dans un premier élan que sanctionnera la France entière avec acclamation, décréta à l'unanimité que la nation adoptait les enfants des gardes nationaux de Paris morts en combattant pour l'ordre. La justice de cette mesure s'est étendue aux enfants des gardes nationaux de province spontanément accourus à la défense de Paris et dont plusieurs ont été tués presqu'à leur arrivée. Enfin, lorsque la victoire se fut tout à fait prononcée en faveur de la cause du droit et de la civilisation, l'Assemblée a rendu un troisième décret en vertu duquel, distinguant l'erreur du crime, elle déclare que les fauteurs et les instigateurs de l'insurrection seront seuls passifs des conseils de guerre , tandis que les autres insurgés, même ceux qui ont été pris les armes à la main, pourront être seulement condamnés à la déportation dans les colonies françaises. On peut juger cependant de la culpabilité des insurgés par une note ainsi conçue : « Tous les citoyens qui paient plus de 200 fr. d'impôts, sont privés de leurs droits civils et politiques pendant dix ans. Tous les biens meubles et immeubles de tous les citoyens qui ont exercé des fonctions publiques depuis 1815 sont confisqués. La constitution de la France est celle de 1793. L'armée est licenciée. »

Durant les quatre jours, les Représentants du peuple, nous sommes heureux de le consigner ici, se montrèrent dignes, par leur courage, de leur haute mission. Au péril de leur vie, on les vit se diriger vers les barriccades, y porter des paroles de paix qui malheureusement ne furent pas mieux entendues que les proclamations du général Cavaignac. Plusieurs d'entre eux, entre autres M. Larabit, furent faits prisonniers par les insurgés. Les vrais ouvriers les respectèrent, les instigateurs de la révolte les menacèrent de mort. Ces scènes dramatiques se renouvelèrent sur tant de points que nous renonçons à en désigner aucun. Des volumes ne suffiraient pas, si nous voulions tout dire et tout enregistrer. Nous aimons mieux consacrer le peu d'espace qui nous reste à signaler les gardes nationales de province, accourus en aide à leurs frères de Paris et quelques traits qui seront à jamais l'orgueil et la gloire de la France ; à enregistrer les noms de braves citoyens morts pour la patrie dont ils ont bien mérité.

Le 28, quand tout fut fini, l'Assemblée nationale vit défiler devant elle les gardes nationales accourues à Paris à la première nouvelle du danger. On y remarquait celles de Béthune, Lens, Laon, Arras, Turcoing, Tréport, La Fère, Gien, Châtillon, Gers, Coucy-le-Château, Nantueil, Quesnoy, Avesnes, Ribecourt; plusieurs cantons de l'arrondissement de Compiègne ; des détachements de l'Aube, Côte-d'Or et Haute-Marne ; Maubeuge, Compiègne, Panchand, La Chapelle-sous-Crécy, (Loir et Cher), Boulogne-sur-Mer, Noyon, Joinville, Jouy-sur-Mer, Choisy-sur-Marne, Lille, Cambray, (Indre, Cher), Braisne, Brest; d'autres que peut-être nous oublions bien involontairement. Enfin, quand le défilé fut terminé et presque au même instant on vit arriver, venant se mettre à la disposition de l'Assemblée nationale, les gardes nationales de Rosoy-en-Brie, Romilly, Méry-sur-Seine, Autun, Bar-sur-Aube, Avallon et Sémur de la côte-d'Or. Si d'ailleurs, les arrivées ont été distancées, cela a tenu uniquement à la difficulté des transports et à l'éloignement des lieux, car partout la résolution a été la même et également spontanée. C'était en effet la cause de la République, la cause de la France, leur propre cause que tous venaient défendre à Paris.

Mais hélas ! combien de victimes dans les rangs de la garde nationale, de la garde mobile, de tous les corps de l'armée et aussi de la garde républicaine que nous ne devons point omettre

en rappelant le courageux dévouement et les faits héroïques éche-
lonnés à toutes les heures des quatre grandes et terribles journées. Nous voulions citer des noms, mais nous reculons devant
l'impossibilité de faire un choix. Les omissions seraient trop nom-
breuses et nous seraient trop pénibles. D'ailleurs, le glorieux
nécrologue de l'immense bataille qui ensanglanta Paris pendant
cent heures n'est pas encore dressé. Ce sera le martyrologe de la
gloire civique et civile opposé aux gémonies de la brutalité des
siècles barbares.

Pendant ces journées sans exemple dans l'histoire d'aucun
peuple, à aucune époque, parmi une foule de traits de bravoure
presque également éminents, on a cependant remarqué celui du
jeune Martin, garde mobile, à peine âgé de dix-huit ans, qui en-
leva un drapeau sur une barricade, après avoir frappé de son
poignard l'insurgé qui le portait. Le général Cavaignac le décora
sur le champ de son triomphe — nous n'osons pas employer le
mot gloire quand nous parlons de guerre civile ; — le sang français, pour être coupable, n'en est pas moins du sang français.
Mais que feraient donc tant de jeunes héros que leurs concitoyens
admirent, que nos vieux soldats ont adoptés s'ils combattaient
pour la gloire de la patrie.

Le jeune Martin n'est pas le seul qui se soit distingué par une
action aussi héroïque ; plusieurs de ses camarades ont comme
lui enlevé des drapeaux sur des barricades. On en cite un qui
pleurait au moment où on rendait les honneurs au drapeau qu'il
avait pris. Celui-là n'a pas seize ans ! Est-il un plus touchant exemple de la naïve timidité de l'enfance avec le courage d'un héros
qui s'ignore encore lui-même.

Mais hélas ! au moment où nous écrivons ces dernières lignes,
une nouvelle nous parvient à laquelle nous voudrions ne pas
croire. On nous assure que le jeune Martin vient de mourir après
avoir bu un breuvage empoisonné ! Anathème de Dieu et des
hommes sur les fauteurs de guerres civiles ! ! !

En vente chez les mêmes Éditeurs.

RÉVOLUTION DE PARIS.	in-8	»	25 c.
RÉVOLUTION DE BERLIN.	in-8	»	25
RÉVOLUTION DE VIENNE.	in-8	»	25
RÉVOLUTION DE POLOGNE.	in-8	»	25
RÉVOLUTION DE MADRID.	in-8	»	25
RÉVOLUTION D'ITALIE.	in-8	»	25
RÉVOLUTION DE 1848 (22, 23 et 24 février	in-8	1	»

LE PEUPLE SOUVERAIN. Histoire populaire de la Révolution de 1848, écrite sous le feu des barricades, orné
du portrait de Lamartine. (sans portrait, 25 c.)   in-8 » 50

LES BARRICADES. Scènes les plus saisissantes de la Révolution de 1848. Illustré d'un dessin représentant la
barricade du faubourg Montmartre, le 24 février 1848.   in-8 » 50
(Sans dessin, 25 c.)

LE PEUPLE EN ACTION. Traits de bravoure, de désin-
téressement, de générosité des patriotes parisiens, pendant les journés de la Révolution de 1848. Illustré d'un
dessin représentant la prise du Château-d'Eau, le 24 février. (Sans dessin, 25 c.)   in-8 » 50

CHANTS NATIONAUX ET PATRIOTIQUES, dédiés aux
républicains de 1848. Orné du portrait de Béranger.   in-8 » 50
(Sans portrait, 25 c.)

POÉSIES NATIONALES ET RÉPUBLICAINES, dédiées
aux patriotes de 1848. Orné du portrait de Lamartine.   in-8 » 50
(Sans portrait, 25 c.)

LA RÉPUBLIQUE D'ANDORRE.	in-8	»	25
CÉSAR AUX ÉLECTIONS. Suffrage universel.	in-8	»	25

MIRABEAU A LA CONSTITUANTE, orné du portrait de
Mirabeau, avec cette épigraphe : *Allez dire à votre maî-
tre.....* (Sans portrait, 25 c.)   in-8 » 50

JÉSUS-CHRIST. Liberté, Égalité, Fraternité. Orné de la
Sainte Face. (Sans la sainte Face, 25 c.)   in-8 » 50

PIE IX. Orné du portrait de sa Sainteté. (Sans portr., 25)	in-8	»	50
L'ARBRE DE LA LIBERTÉ.	in-8	»	25
PRÉCIS HISTORIQUE DE LA RÉVOLUTION de 1848. v.	in-8	1	25
LES COMMUNISTES ET LES TRAVAILLEURS.	in-8	»	25
MANIFESTE DE LAMARTINE aux puissances étrangères,	in-8	»	25

Orné de son portrait.   50

LE TÉLÉMAQUE RÉPUBLICAIN.	in-8	»	25
MORCEAUX D'ÉLOQUENCE CIVIQUE, flambeau des clubs.	in-8	»	25
RÉTABLISSEMENT DU DIVORCE.	in-8	»	25
BIOGRAPHIE des Membres du Gouvernement provisoire,	in-8	»	25

Orné de leurs portraits, 25 c. en sus par chaque portrait.

BIOGRAPHIE des Membres de l'Assemblée nationale, 1re liv.			25
LA RÉPUBLIQUE et les Républicains.	in-8	»	25
HISTORIAL RÉVOLUTIONNAIRE	vol. in-8	1	50
HISTOIRE DES REVOLUTIONS DE L'EUROPE	vol. in-8	2	»
LE PEUPLE SOUVERAIN. vol. illustré.		3	»

PARIS. — Imprimerie d'A. SIROU, rue Saint-Jacques, 10

www.ingramcontent.com/pod-product-compliance
Ingram Content Group UK Ltd.
Pitfield, Milton Keynes, MK11 3LW, UK
UKHW020153080726
13614UKWH00006B/2552